VENTE
Du Samedi 30 Novembre 1912

HOTEL DROUOT, SALLE N° 6
A DEUX HEURES

TABLEAUX MODERNES

Aquarelles

COMMISSAIRE-PRISEUR

Mᵉ F. LAIR-DUBREUIL

EXPERT

M. A.-M. REITLINGER

CATALOGUE

DES

Tableaux Modernes
AQUARELLES

Par :

ALONZO-PEREZ, ANGLADE, BEAUQUESNE, BRISGAND, CHATEIGNON,
COROT, COUSIN, DEBAT-PONSAN, DELPY (H.-C.), DULUARD,
DUPRAT, DU PUYGAUDEAU, FICHTNER (H. DE), FRANK-BOGGS,
GARRIDO, GOSSELIN, GRANER, GUÉRY (A.), GUIRAND DE SCEVOLA,
HOUDIE, JACQUET (MAURICE), LA BOULAYE, LAFON (F.),
LA FONTAINE, LAMBERT (J.), LAZERGES, LE ROY (J.), MANCEAUX,
MARIE-ADRIEN (Mlle), MARTIN-KAVEL, DE PENNE (O.),
PERBOYRE, PEZANT (A.), QUINTON, RENEFER, RICHET (LÉON),
RIGOLOT, SANI, SCHULTZ, THORNLEY, TIMMERMANS,
VEYRASSAT, WEBER (TH.)

Dont la Vente aura lieu, à Paris

HOTEL DROUOT, SALLE N° 6
Le Samedi 30 Novembre 1912

A DEUX HEURES

COMMISSAIRE-PRISEUR	EXPERT
M° F. LAIR-DUBREUIL	**M. A. M. REITLINGER**
6, rue Favart	12, rue La Boëtie

EXPOSITION PUBLIQUE
Le Vendredi 29 Novembre 1912, de 1 h. 1/2 à 6 heures

CONDITIONS DE LA VENTE

Elle sera faite au comptant.

Les adjudicataires paieront *dix pour cent* en sus des enchères.

L'exposition mettant le public à même de se rendre compte de l'état et de la nature des objets, aucune réclamation ne sera admise une fois l'adjudication prononcée.

Paris. — Imp de l'Art, Ch. Berger, 41, rue de la Victoire.

DÉSIGNATION

TABLEAUX ET AQUARELLES

ALONZO-PEREZ (C.)

1 — *Le Retour.*

Haut., 73 cent.; larg., 60 cent.

ALONZO-PEREZ (C.)

2 — *Jeune Femme au violon.*

Aquarelle.

Haut., 41 cent.; larg., 30 cent.

ANGLADE

3 — *Bruyères; vallée de la Creuse.*

Haut., 60 cent.; larg., 81 cent.

4 — *Vallée de la Creuse.*

Haut., 54 cent.; larg., 81 cent.

ANGLADE

5 — *Les Bruyères.*

> Haut., 65 cent. ; larg., 54 cent.

6 — *Bruyères en fleurs.*

> Haut., 27 cent.; larg., 35 cent.

7 — *Vallée de la Creuse.*

> Haut., 65 cent.; larg., 81 cent.

BEAUQUESNE (W.)

8 — *Le 7ᵉ Cuirassiers prenant sa position de combat. Août 1870,*

> Haut., 54 cent.; larg., 65 cent.

9 — *Charge du 8ᵉ cuirassiers.*

> Haut., 54 cent.; larg., 65 cent.

BRISGAND (G.)

10 — *Rêverie.*

> Haut., 55 cent.; larg., 46 cent.

CHATEIGNON (E.)

11 — *Jour de lessive.*

> Haut., 46 cent.; larg., 61 cent.

12 — *La Jeune Mère.*

> Haut., 46 cent.; larg., 55 cent.

CHATEIGNON (E.)

13 — *Travaux des champs.*

Haut., 46 cent.; larg., 61 cent.

COROT

14 — *Paysage.*

Porte le cachet de la *Vente Corot.*

Haut., 22 cent.; larg., 38 cent.

COUSIN (C.)

15 — *Tête de Femme.*

Haut., 65 cent.; larg., 54 cent.

DÉBAT-PONSAN

16 — *Attelage de bœufs à l'abreuvoir.*

Haut., 25 cent.; larg., 33 cent.

DELPY (H.-C.)

17 — *Soleil couchant sur la rivière.*

Haut., 29 cent.; larg., 53 cent.

DULUARD

18 — *Buveur Louis XIII.*

Haut., 41 cent.; larg., 27 cent.

DUPRAT

19 — *Un Canal à Venise.*

> Haut., 61 cent.; larg., 46 cent.

20 — *Le Grand Canal ; Venise.*

> Haut., 46 cent.; larg., 65 cent.

21 — *Le Soir, à Venise.*

> Haut., 50 cent.; larg., 65 cent.

22 — *Un Canal à Venise.*

> Haut., 50 cent.; larg., 61 cent.

DU PUYGAUDEAU

23 — *Santa Maria della Salute ; Venise.*

> Haut., 73 cent.; larg., 60 cent.

FICHTNER (Hugo de)

24 — *Avant la charge.*

> Haut., 50 cent.; larg., 73 cent.

FRANK-BOGGS

25 — *Église de Notre-Dame, à Bourges.*
Aquarelle.

> Haut., 38 cent.; larg., 55 cent.

GARRIDO (L.)

26 — *Départ pour le bal.*

> Haut., 81 cent.; larg., 54 cent.

27 — *Tête de Femme.*

> Haut., 55 cent.; larg., 46 cent.

GOSSELIN (ALBERT)

28 — *Clair de lune.*

> Haut., 46 cent.; larg., 61 cent.

GRANER (L.)

29 — *Lanterne vénitienne.*

> Haut., 65 cent.; larg., 54 cent.

GUERY (ARMAND)

30 — *Moiremont, près Sainte-Menehould.*

> Haut., 54 cent.; larg., 81 cent.

GUIRAND DE SCEVOLA

31 — *Tête de Femme sur la palette de l'artiste.*

HOUDIE (H.)

32 — *Les Lavandières.*

> Haut., 46 cent.; larg., 61 cent.

JACQUET (Maurice)

33 — *Coquetterie.*

Haut., 62 cent.; larg., 51 cent.

LA BOULAYE (P.)

34 — *Le Page à la dague.*

Haut., 1 m. 16 cent.; larg., 61 cent.

35 — *La Mandoline.*

Haut., 73 cent.; larg., 60 cent.

36 — *Le Présent du Roi.*

Haut., 81 cent.; larg., 65 cent.

LAFON (François)

37 — *Danse de Nymphes.*

Haut., 73 cent.; larg., 60 cent.

38 — *Retour des champs.*

Haut., 55 cent.; larg., 46 cent.

LA FONTAINE (Ch.)

39 — *Innocence.*

Haut., 1 m. 16 cent.; larg., 81 cent.

40 — « *Il m'aime* ».

Haut., 81 cent.; larg., 65 cent.

LA FONTAINE (Ch.)

41 — *Le Printemps de l'art.*

> Haut., 1 m. 16 cent.; larg., 81 cent.

42 — *Méditation.*

> Haut., 81 cent.; larg., 65 cent.

43 — *Rêverie.*

> Haut. 81 cent.; larg., 65 cent.

LAMBERT (J.)

44 — *Le Porte-Étendard.*

> Haut., 81 cent.; larg., 60 cent.

LAZERGES (Paul)

45 — *La Caravane.*

> Haut., 55 cent.; larg., 73 cent.

LE ROY (J.)

46 — *Jeunes Chats dans un panier.*

> Haut., 60 cent.; larg., 73 cent.

MANCEAUX (L.)

47 — *Aux Champs.*

> Haut., 81 cent.; larg., 65 cent.

MARIE-ADRIEN (Mlle)

48 — *Fleurs.*

Aquarelle.

Haut., 52 cent.; larg., 69 cent.

MARTIN-KAVEL

49 — *L'Heure du goûter.*

Haut., 92 cent.; larg., 73 cent.

DE PENNE (O.)

50 — *La Chasse au furet.*

Haut., 81 cent.; larg., 1 m. 16 cent.

PERBOYRE

51 — *Napoléon et son état-major.*

Haut., 38 cent.; larg., 46 cent.

PEZANT (A.)

52 — *Pâturage.*

Haut., 60 cent.; larg., 73 cent.

QUINTON

53 — *Retour du troupeau.*

Haut., 41 cent.; larg., 66 cent.

RENEFER

54 — *Vue de Paris.*

> Haut., 54 cent.; larg. 81 cent.

RICHET (Léon)

55 — *La Mare ; soleil couchant.*

> Haut., 65 cent.; larg., 92 cent.

RIGOLOT

56 — *Vue de Venise.*

> Haut., 46 cent.; larg., 65 cent.

SANI (A.)

57 — *La Partie d'échecs.*

> Haut., 61 cent.; larg., 75 cent.

58 — *Lecture intéressante.*

> Haut., 61 cent.; larg., 75 cent.

SCHULTZ (Adrien)

59 — *Forêt de Fontainebleau.*

> Haut., 54 cent.; larg., 81 cent.

60 — *Le Grand Ravin de la Gorge-aux-Loups ;
forêt de Fontainebleau.*

> Haut., 81 cent.; larg., 65 cent.

THORNLEY

61 — *La Seine à Rouen.*

Haut., 60 cent.; larg., 81 cent.

TIMMERMANS

62 — *Avant-port de Dieppe.*

Haut., 50 cent.; larg., 65 cent.

63 — *Sur l'Escaut.*

Haut., 54 cent.; larg.. 65 cent.

VEYRASSAT

64 — *Défilé de Cavaliers arabes.*

Haut., 26 cent.; larg., 41 cent.

65 — *Dans l'Oasis.*

Haut., 28 cent.; larg., 34 cent.

WEBER (Théodore)

66 — *Les Jetées de Douvres.*

Haut., 33 cent.; larg., 55 cent.

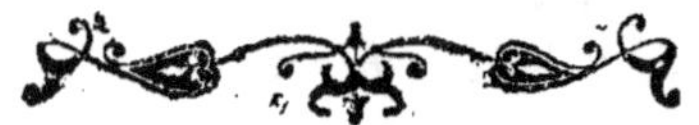